Wer wohnt am Südpol?

Wie überleben Menschen am Südpol?

Warum ist der Schnee weiß?

Leben Pinguine nur am Südpol?

Wo leben die Eskimos?

Wie kalt ist es im Iglu?

Warum knirscht Schnee?

Können Tiere auch im Eis leben?

Wenn alles Eis schmilzt, wie hoch steigt das Meer?

Warum gibt es Polarnächte?

Impressum

Band 23 der Reihe
„Was Kinder wissen wollen“
Velber Verlag

2. Auflage 2008

Illustrationen: Detlef Kersten
Coverfoto: Arco Digital Images
Fotos: Arco Digital Images (25); ESA/AOES Medialab (9); www.istockphoto.com (11, 13, 15, 19, 21, 23, 31, 33, 39); Picture Alliance (17, 35, 37, 41, 43); Peter Bickel (45); Christoph Schmotz (7); AWI (27; 29)

Text und Redaktion: Ulrike Berger
Layoutentwurf: Christoph von Herrath
Layout: Anja Schmidt
Druck und Bindung:
Grafisches Centrum Cuno, Calbe

ISBN 978-3-86613-525-3

Frieren Pinguine an den Füßen?

Verblüffende Antworten über Eis und Schnee

velber

Warum schwimmt Eis oben?

Wärme steigt normalerweise nach oben, Kälte geht nach unten. Dann müsste doch das kalte Eis nach unten sinken?
Wasser hat aber eine ganz besondere Eigenschaft. Wenn Wasser gefriert, braucht es mehr Platz: In einem vollen Glas Eis sind weniger Wasserteilchen als in einem vollen Glas Wasser. Das Eis-Glas ist daher leichter als das Wasser-Glas. Und weil leichte Sachen oben schwimmen, kann das Eis auf dem Wasser schwimmen!

Übrigens:
Ist dir jetzt klar, warum auch schwere Eisberge auf dem Wasser schwimmen? Allerdings siehst du nur ein Fünftel des Berges über dem Wasser. Der Rest schwimmt unter Wasser.

Was ist der Unterschied zwischen Nord- und Südpol?

Zunächst sieht die Arktis, das Gebiet um den Nordpol, wie ein Zwilling der Antarktis aus. Doch beide sind völlig verschieden! Die Arktis ist ein tiefes Meer. Darauf schwimmt eine dicke Eisdecke. Ein Forscher am Nordpol steht also nur auf einer dicken Schicht Packeis, die auf dem Nordpolarmeer schwimmt – ohne „festen Boden" darunter. Im Sommer herrschen dort Temperaturen knapp unter dem Gefrierpunkt, im Winter wird es bis minus 30 Grad kalt.

Die Antarktis dagegen ist ein Kontinent. Das heißt, dass unter dem Eis festes Land ist. Ein Forscher, der genau am Südpol steht, hat unter sich eine fast 3000 Meter dicke Eisschicht, die auf Felsen liegt. Im Sommer liegen die Temperaturen bei minus 30 Grad, im Winter bei minus 60 Grad. Deutlich kälter also als am Nordpol!

Nordpol/Arktis

Südpol/Antarktis

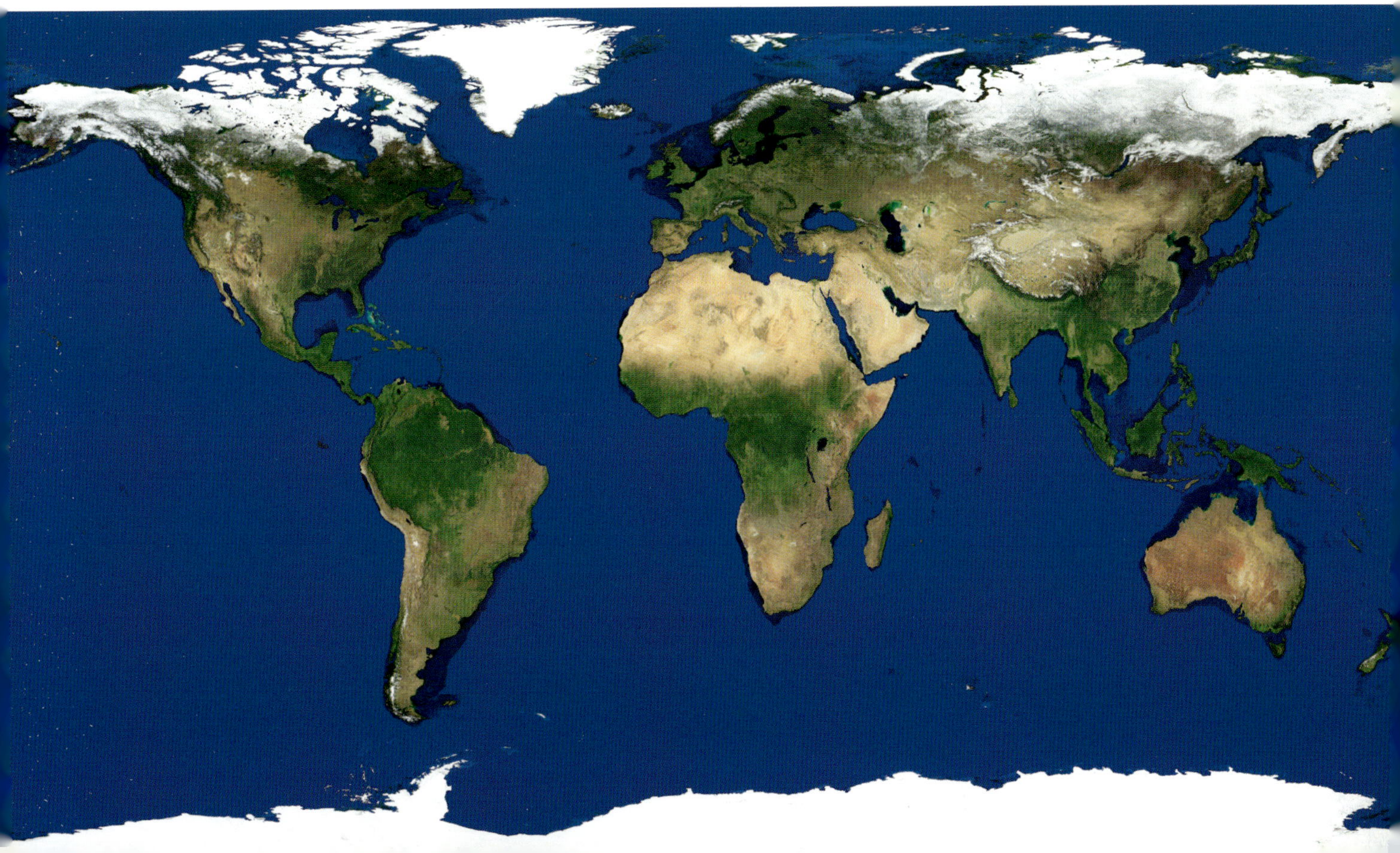

Welchen Ländern gehören Antarktis und Arktis?

Die Antarktis ist kein eigener Staat. Am 1. Dezember 1959 einigten sich viele Länder darauf, dass die Antarktis niemandem gehören soll. Der „Antarktisvertrag“, der an diesem Tage geschlossen wurde, soll für immer gelten. Er besagt, dass in der Antarktis nur „friedlich und umweltschonend“ geforscht werden darf. Das heißt, dass dort zum Beispiel weder nach Öl gebohrt werden darf noch Waffentests durchgeführt werden dürfen!
Und die Arktis, das Gebiet um den Nordpol? Da herrscht Uneinigkeit zwischen verschiedenen Staaten, die an das Nordpolarmeer grenzen.

Bislang ist nur geregelt, dass jeder Staat von seiner Küste aus einen 200 Seemeilen breiten Streifen dem eigenen Gebiet zurechnen kann. Die Streitigkeiten über diesen Punkt dauern noch an.

Übrigens:
Warum streiten sich die Staaten um eine kalte Eisfläche? Unter dem Eis der Arktis wird ein großes Ölvorkommen vermutet. Und Öl bedeutet Reichtum, da will jeder was davon haben!

ANTARCTIC
PENINSULA
SEA
QUEEN MAUD
SHACKLETON RANGE
BERKNER ISLAND
Mount Coman
3655
Ronne
Ice Shelf
English Coast
ELLSWORTH
LAND
Vinson Massif
4897
ELLSWORTH MOUNTAINS
Eights Coast
PENSACOLA
Mount Hawkes
3660
MOUNTAINS
South Pole
Amundsen-Scott (U.S.)
TRANSANTARCTIC MOU
WHITMORE MOUNTAINS
HORLICK MOUNTAINS
WEST
ANTARCTICA
Walgreen Coast
Pine Island Bay
Bear Island
Mount Takahe
3398
MARIE BYRD LAND
ROCKEFELLER PLATEAU
QUEEN MAUD MOUNTAINS
Mount Fridjof Nansen
4068
Mount Kirkpatrick
4528
Mount Albert Markham
3010
Ross
Ice Shelf
Mount Sidley
4181
Hobbs Coast
Mount Siple
3110
Cape Dart
FORD RANGES
Edward VII Peninsula
Roosevelt Island
80°
Mount McClintock
3492
Cape Colbeck
Scott Base (N.Z.)
McMurdo (U.S.)
Mount Erebus
3795
Ross Island
McMurdo Sound
ROSS
SEA
Baia di Terra Nova (Italy)
ANTA
E
D

Warum tragen Pinguine einen Frack?

An Land haben erwachsene Pinguine kaum Feinde. Deswegen stört die auffällige Farbe auf dem Eis nur wenig. Gefährlich ist es für Pinguine vor allem unter Wasser. Ihre größten Feinde sind Seeleoparden. Die schwarz-weiße Färbung der Pinguine ist hier eine gute Tarnfarbe! Kommt ein Seeleopard von unten, ist der weiße Pinguinbauch gegen den hellen Wasserspiegel kaum zu sehen. Von oben dagegen ist der schwarze Rücken gegen den dunklen Meeresgrund schlecht zu erkennen. Ihr Feind kann sie so kaum entdecken. Der schwarz-weiße Frack ist unter Wasser also eine perfekte Tarnung!

Übrigens:
Pinguine sind richtige Tieftaucher. Je größer eine Pinguinart ist, desto tiefer kann sie tauchen:

- Kaiserpinguine bis zu 535 m
- Königspinguine bis zu 325 m
- Adéliepinguine bis zu 240 m
- Brillenpinguine 30 bis 130 m
- Zwergpinguine 10 bis 30 m

Königspinguine

Wie kalt ist eine Schneeflocke?

Damit es schneit, müssen in der höheren Atmosphäre winzig kleine Wassertröpfchen an kleinen Staubkörnchen festfrieren. Auf der Reise durch die Wolke friert immer mehr Wasserdampf am Eiskristall fest. Mit der Zeit bildet sich so ein schöner Eiskristall.
Diese Eiskristalle können verschiedene Formen haben. Plättchen, Stäbchen, Prismen oder Sterne. Die Form hängt ganz von der Temperatur ab: Die schönsten Sterne bilden sich dann, wenn in der Atmosphäre eine Temperatur von -12 bis -16 Grad herrscht. Darunter und darüber entstehen Prismen und Plättchen. Auch die Größe der Schneeflocken ist von der Temperatur abhängig: Bei milden Temperaturen fallen die größten Flocken. Wichtig ist, dass es auch auf der Erde unter Null Grad kalt ist. Sonst schmelzen die Flocken auf dem Weg nach unten und es regnet.

Übrigens:
Hagel dagegen entsteht, wenn Regentropfen gefrieren.

Erfrieren Fische im Winter?

Zum Glück für die Fische frieren Seen nie ganz zu. Das liegt an einer seltsamen Eigenschaft des Wassers: Bei 4 Grad ist es am schwersten, daher sinkt das „4-Grad-Wasser“ immer an den Grund des Sees. Kälteres Wasser steigt nach oben und gefriert dort. Die Gewässer frieren also immer von oben her zu! Das Wasser unter dem Eis ist vor der Kälte darüber sogar etwas geschützt.

Fische begeben sich im Winter einfach an den Grund des Sees. Dort fallen sie in „Winterruhe“. Ihr Herz schlägt nur langsam, sie atmen wenig und nehmen keine Nahrung mehr zu sich – bis es wärmer wird und der See wieder eisfrei ist.

Wie kalt ist die tiefste Temperatur?

Egal ob Luft oder Stein – alles auf unserer Erde besteht aus winzigen Teilchen, Atomen genannt. Wärme entsteht, weil sich diese Atome und ihre Bestandteile immer bewegen. In festen Körpern bewegen sie sich weniger, in „luft“-förmigem Zustand mehr. Und je wärmer es wird, desto wilder tanzen sie umher.
Die tiefste Temperatur auf unserer Erde ist die Temperatur, bei der jegliche Bewegung in den Atomen aufhört, der so genannte absolute Nullpunkt: Minus 273,15 Grad. Man kann diese Temperatur nur im Labor erzeugen.

Übrigens:
Der kälteste Ort der Erde ist der Südpol in der Antarktis. Dort wurden schon Temperaturen von minus 94,5 Grad gemessen!

Ist der Eisbär wirklich weiß?

Dunkle Kleidung wärmt schneller auf als helle. Eigentlich müsste der Eisbär am Nordpol daher ein schwarzes Fell haben. Aber so wäre der Eisbär in seiner weißen Umgebung schlecht getarnt. Zur Tarnung ist das weiße Fell besser.
Der Eisbär hat eine Lösung für das Problem gefunden. Er ist sowohl weiß als auch schwarz! Die weißen Haare sind hohl. Sie leiten die Sonnenstrahlen wie Glasfaserkabel direkt auf die Haut weiter. Und die Haut ist – schwarz! Daher wärmen die Strahlen den Eisbär sehr gut auf. So gut, dass es ihm manchmal sogar zu warm wird und er sich zum Abkühlen im Schnee wälzen muss.
Wer genau hinschaut, entdeckt die schwarze Haut um die Schnauze herum. Dort ist das Fell so kurz, dass die Haut hindurchschimmert.

Übrigens:
Die Zunge des Eisbären ist stark durchblutet und daher tiefblau. Eisbären können nicht schwitzen, sie hecheln wie Hunde. Dabei wird das Blut in der Zunge kalt und kühlt so den ganzen Körper.

Was ist Packeis?

Wasser gefriert bei 0 Grad, so steht es überall geschrieben. Das betrifft aber nur Süßwasser! Kommt Salz dazu, wird es nicht mehr so schnell zu Eis. Je höher der Salzgehalt, desto kälter muss das Wasser sein, damit es gefriert.
Meerwasser enthält Salz. Erst bei ungefähr minus 2 Grad beginnt es zu gefrieren. Zunächst bilden sich kleine Kristalle, dann dünne so genannte „Pfannkuchen"-Eisflächen. Im Laufe der Zeit wachsen diese Platten zu Eisschollen zusammen. Aber nur das reine Wasser wird zu Eis, das gelöste Salz bleibt flüssig. Daher bilden sich im Eis lauter Kanäle mit stark salzigem Wasser. Packeis ist also kein massiver Eisblock, sondern eher löchrig wie ein Schwamm.

Übrigens:
Eisberge dagegen entstehen, wenn Gletscher abbrechen. Gletscher sind gefrorenes Süßwasser – massive Eisblöcke!

Frieren Pinguine an den Füßen?

Bei uns Menschen ist von der Kopfhaut bis hinunter zu den Zehen alles gut durchblutet – und gleichmäßig warm. Stehen wir mit nackten Füßen auf dem Eis, wird das Blut in den Füßen eiskalt. Das zurückströmende Blut kühlt dann den ganzen Körper und auf Dauer würden wir erfrieren.
Bei Vögeln ist das anders. Ihre Füße sind von unendlich vielen feinsten Blutbahnen durchzogen. Die einen Bahnen bringen warmes Blut nach unten in die Füße, andere Bahnen transportieren das kalte Blut nach oben. Die verschiedenen Blutbahnen liegen nahe beieinander und tauschen dabei Wärme aus. Die Folge: Das kalte Blut aus den Füßen wird schon beim Hochsteigen aufgewärmt und kann den Körper daher nicht auskühlen. Und das warme Blut kommt schon kalt an den Füßen an. Durch dieses System geht keine Wärme über die Füße verloren, sondern bleibt immer im Vogelkörper.
Warme Füße haben Vögel allerdings nie. Doch das System sorgt dafür, dass gerade so viel Wärme in die Füße fließt, dass diese nicht abfrieren. Die Füße des Kaiserpinguins zum Beispiel sind zwar kalt, ihre Temperatur liegt aber immer noch knapp über dem Gefrierpunkt!

Kaiserpinguine

Wer wohnt am Südpol?

Die Antarktis wurde durch den Briten James Cook 1773 entdeckt. Und erst 1911 erreichte Roald Amundsen, ein Norweger, als erster Mensch den Südpol.
In der Antarktis gibt es keine Ureinwohner. In den 50er Jahren des letzten Jahrhunderts wurden in der Antarktis einige feste Siedlungen errichtet. Niemand besitzt jedoch antarktische Staatsbürgerschaft, ist also „Antarktiker". Die meisten „Einwohner" sind Wissenschaftler und Techniker und sie leben dort nur für einen begrenzten Zeitraum.
Heute gibt es 40 Forschungsstationen verschiedener Länder. Vor allem Klimaforscher arbeiten hier. Sie bohren tiefe Löcher in das Eis, bis zu 3000 Meter tief. An diesem Eis können sie sehen, wie das Klima unserer Erde vor Tausenden von Jahren war. Denn vergleichbar mit den Jahresringen eines Baums enthält ein solcher Eisbohrkern klar unterscheidbare Schichten von Schneefällen der letzten Jahrtausende. Auch die Luft aus dieser Zeit ist dort eingeschlossen. Zuletzt wurde ein Eisbohrkern untersucht, dessen Eis sogar 900000 Jahre alt ist, das älteste Eis der Erde!

Forscher untersuchen einen Eisbohrkern

Wie überleben Menschen am Südpol?

Zum Schutz vor Sturm und Kälte sind die Stationen meist in Röhren unter das Eis gebaut. Wer in der Kälte des Polarwinters nach draußen will, braucht mindestens 30 Minuten zum Einkleiden: Normale Unterwäsche, Thermo-Unterwäsche, Jeans, Pulli und so weiter. Darüber kommt ein Overall, der von oben bis unten mit Fell ausgekleidet ist. An ganz kalten Tagen werden auch dicke Daunenjacken und -hosen angezogen. An die Füße kommen Wollsocken, Innenschuhe und dicke Schneeschuhe, die wie die Moonboots aussehen und besonders gut isoliert sind. Zwei Paar Handschuhe, Sonnenbrille und Sonnencreme, Gesichtsmaske und eine warme Mütze sind Pflicht. So eingekleidet geht's über eine Leiter nach draußen. Aber lange hält es niemand draußen aus.

Übrigens:

An den Südpol kommt keine Müllabfuhr. Die Abwässer werden in einer biologischen Kläranlage gereinigt und dann ins Meer geleitet. Der restliche Abfall wird gesammelt, zerkleinert und vollständig zurück in die Heimat gebracht. Das muss genau protokolliert werden, damit man den vollständigen Rücktransport auch beweisen kann. Denn in der Antarktis darf zum Schutz der Umwelt kein Müll zurückbleiben.

Warum ist der Schnee weiß?

Schnee ist nichts anderes als gefrorenes Wasser. Da Wasser durchsichtig ist, müsste daher auch Schnee durchsichtig sein. Zwischen den Schneekristallen ist jedoch viel Luft eingeschlossen. Daher wirken die Schneekristalle wie Tausende von Spiegeln und werfen alles Sonnenlicht wieder zurück. Deshalb erscheint der Schnee weiß.

Übrigens:
Wenn Eiszapfen wachsen, läuft Wasser am Zapfen entlang und friert dabei ganz langsam an. Dabei wird keine Luft eingeschlossen – und der Eiszapfen bleibt durchsichtig!

Leben Pinguine nur am Südpol?

Immer wieder gibt es Zeichnungen, auf denen sich Eisbär und Pinguin begegnen. Das kann in der freien Natur nie passieren. Denn Eisbären wohnen auf der Nordhalbkugel – Pinguine auf der Südhalbkugel. Allerdings leben Pinguine nicht nur auf dem Eis der Antarktis! Zwergpinguine leben in Australien, Brillenpinguine in Südafrika, die Galapagos-Pinguine brüten fast am Äquator! So richtige Kältepinguine sind eigentlich nur Kaiserpinguine – sie brüten nahe am Südpol!

Übrigens:
Wie schlafen Pinguine? An Land dösen Pinguine normalerweise im Stehen. Wenn sie in Tiefschlaf fallen, kippen sie nach vorne und schlafen auf dem Bauch. Auf dem Wasser reicht es nur zum Minutenschlaf: Hier dümpeln sie mit geschlossenen Augen an der Oberfläche und legen dabei den Kopf in den Nacken.

Goldschopfpinguin

Wo leben die Eskimos?

Die Volksgruppen, die in der Arktis rund um den Nordpol leben, nennen sich selbst Inuit. Das Wort Inuit heißt in ihrer Sprache „Menschen". „Eskimo" dagegen bedeutet wörtlich übersetzt „Rohfleischesser" – und wird daher von vielen Inuit als herabsetzend angesehen. Daher wird die Bezeichnung „Eskimo" immer seltener benutzt.

Dort, wo die Inuit leben, wird es an vielen Wintertagen kälter als minus 20 Grad, und im Sommer steigen die Temperaturen vielleicht auf etwas über plus 10 Grad an. Zudem ist es im arktischen Winter fast den ganzen Tag lang dunkel.

Nur in der Mittagszeit dämmert es ein wenig.

Übrigens:

Inuit leben heute in gut beheizten und isolierten Häusern. Sie haben elektrisches Licht, Satelliten-Fernsehen, Armbanduhren, moderne Motorschlitten zur Fortbewegung und gegen die Kälte gut wärmende Daunenjacken. Über die Hälfte der ungefähr 30 000 in Kanada und Grönland lebenden Inuit hat noch nie in einem Iglu gewohnt! Die Zeit, als Inuit mit Fellen bekleidet im Iglu oder Kajak saßen, ist längst vorbei.

Wie kalt ist es im Iglu?

In einem Iglu lässt es sich gut wohnen. Das klappt deshalb, weil Schnee viel Luft enthält. Und Luft ist ein schlechter Wärmeleiter. Der Schnee speichert also die Wärme und isoliert gut nach außen. Daher gelingt es, das Iglu nur mit Öllampen und Körperwärme auf 15 Grad aufzuheizen.
Außerdem ist der Schlafplatz in einem Iglu auch immer höher als der Eingang. So bleibt die warme Luft im Schlafbereich gefangen.

Übrigens:
Ein Iglu wird kreisförmig mit dicken „Schneeziegeln" gebaut. Die Schneeblöcke werden aus festem Schnee geschnitten und haben die Form eines Ananasstücks. Der breitere Teil zeigt zur Außenseite, der schmalere nach innen. Mit losem Schnee werden die Fugen abgedichtet.

Warum knirscht Schnee?

Ist dir schon aufgefallen, dass der Schnee nur dann knirscht, wenn es sehr kalt ist? Wenn es viel kälter als Null Grad ist, werden die Schneekristalle auf dem Boden sehr hart und spröde. Sobald du auf diesen Schnee trittst, zerbrechen die kleinen Eiskristalle. Das Knirschen ist das Geräusch, das entsteht, wenn durch das Gewicht der Schritte auf dem Schnee viele hunderttausend Eiskristalle auseinander brechen.

Ist der Schnee nicht ganz so kalt, also nur knapp unter Null Grad, so zerbrechen die Schneekristalle nicht. Entweder sie verbiegen sich nur etwas – oder sie schmelzen einfach unter dem Druck deines Fußes. Jedenfalls kannst du dann ziemlich lautlos über den Schnee wandern.

Können Tiere auch im Eis leben?

Im Eis gefriert alles. Es dürfte kaum einen Platz geben, der lebensfeindlicher ist. Doch wenn man genau hinschaut, wimmelt es im Meereis von Leben! Unzählige winzige Algen, Pilze und kleine Wimperntierchen leben in den Hohlräumen im Eis. Winzige Ruderfußkrebse und kleine Schnecken fressen sich durch diese bewohnten „Eisweiden". Wird das Eis an der Wasseroberfläche dicker, so wandern die Lebewesen an den unteren Bereich des Eises. Sie brauchen Nährstoffe zum Überleben, und die kommen von unten. Allerdings kommen von unten auch Fressfeinde: Garnelen sammeln sich dann direkt unter dem Packeis, wo sie die Algen an der Eisunterseite abweiden. Sie sind sogar in der Lage, die kleinen Lebewesen aus dem Eis herauszukratzen!

Übrigens:
Im Frühjahr beginnt das Eis zu schmelzen. Dann gelangen die Algen und alle winzigen Tierchen aus dem Eis wieder ins freie Wasser. Sofort beginnen sie sich zu vermehren. Nun kommen Wale, Robben, Pinguine und Vögel von überall her in das polare Meer und fressen sich an den Algen satt. Es ist für sie wie im Schlaraffenland.

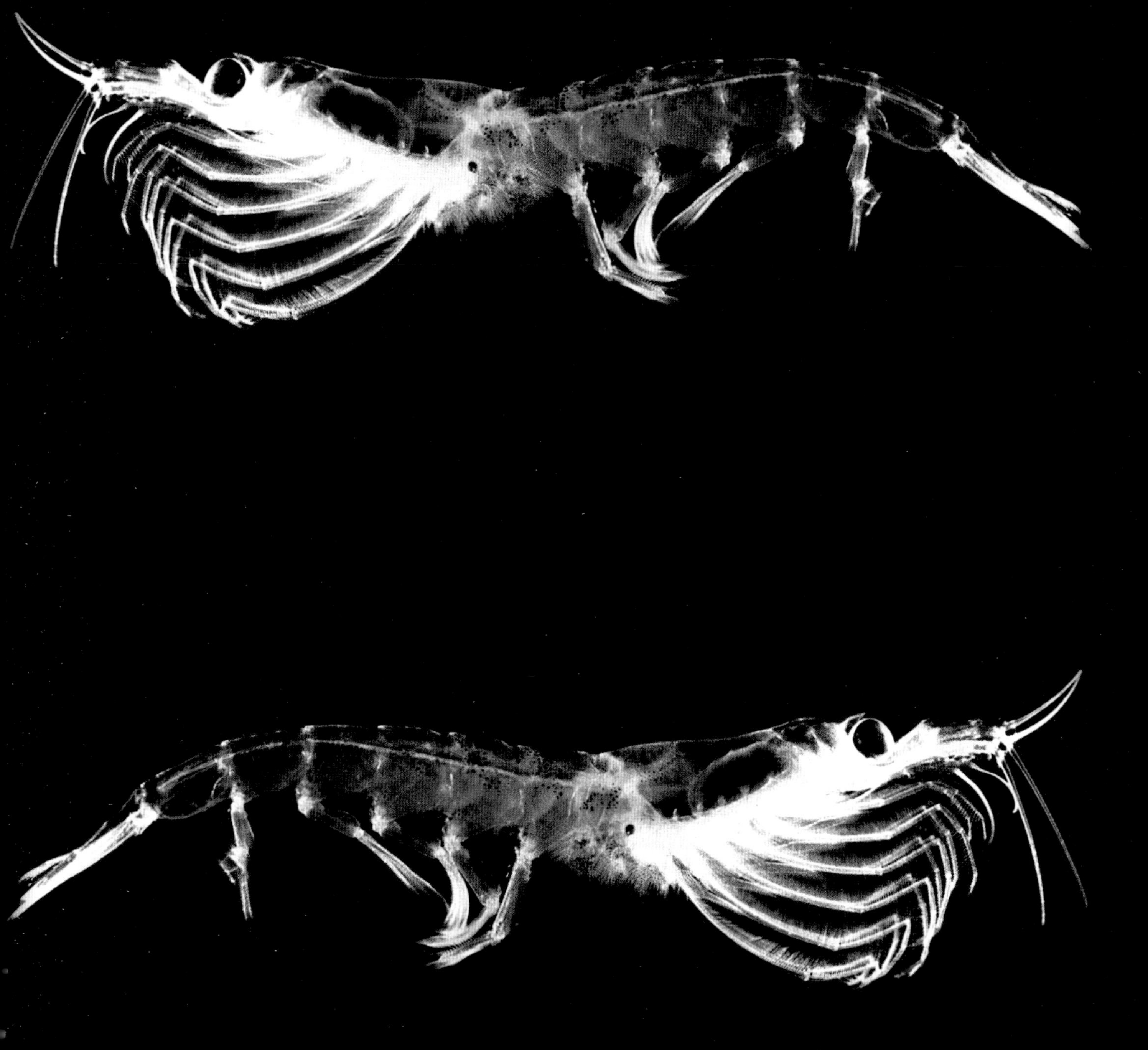

Antarktischer Krill

Wenn alles Eis schmilzt, wie hoch steigt das Meer?

Auf unserer Erde wird es immer wärmer. Das hat viele Folgen. Eine Folge ist das Schmelzen der Eisflächen an den Polen. Sollte das gesamte Eis schmelzen, dann steigt der Meeresspiegel um etwa 66 bis 72 Meter. Ein vollständiges Abschmelzen ist jedoch in den nächsten Tausenden von Jahren nicht zu erwarten.
Wo und mit welchem Tempo die Eismassen der Pole zurzeit schmelzen, soll der Satellit „CryoSat" der Europäischen Weltraumorganisation (ESA) klären. Dazu misst er aus dem Weltraum das Eis mit zwei Radarantennen. Die Messungen sind bis zu einem Zentimeter genau!

Übrigens:
Für den Anstieg des Meeresspiegels ist nur das Eis der Antarktis und das Eis Grönlands verantwortlich. Denn das Eis am Nordpol schwimmt ja auf einem Meer. Wenn es schmilzt, nimmt es weniger Raum ein als vorher das gefrorene Wasser. Das kannst du in einem Experiment beweisen: Fülle ein Glas bis zum Rand mit Wasser und lasse ein paar Eiswürfel hineingleiten. Warte, bis sie schmelzen – das Wasser wird nicht überlaufen!

Ein Forscher der Europäischen Weltraum-Organisation vor dem Bild von CryoSat

Warum gibt es Polarnächte?

Die Jahreszeiten Frühling und Herbst gibt es an den Polen nicht. Es gibt nur einen sehr kurzen Polarsommer, und einen langen, dunklen Polarwinter. Er dauert fast acht Monate! Die Sonne geht dann früh unter und steigt erst spät wieder auf. Dabei kommt sie kaum über den Horizont.

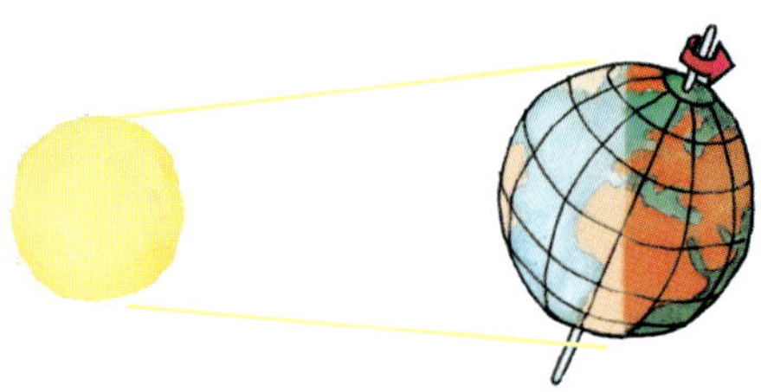

Warum gibt es die extremen Jahreszeiten an den Polen? Das liegt daran, dass unsere Erdachse gekippt ist. Im Winter sind die Pole von der Sonne weg geneigt. So weit, dass selbst durch die Drehung der Erde nie Licht auf die Pole fallen kann. Fast zwei Monate lang bleibt es nahezu völlig dunkel. Es herrscht Polarnacht.

Dennoch ist es nie völlig dunkel. Das wenige Licht wird von der dichten Schneedecke zurückgestrahlt. Selbst das Licht der Sterne, das man nun auch am Tag sehen kann, spiegelt sich im Schnee.

Übrigens:

Das Gegenteil der Polarnächte sind die hellen Mittsommernächte. In diesen Nächten geht die Sonne nie ganz unter. Kurz oberhalb des Horizonts kehrt sie nach Mitternacht um – und klettert dann erneut in den Himmel.

Was Kinder wissen wollen

In der Reihe „Was Kinder wissen wollen“ sind bereits folgende Titel erschienen:

Was wäscht der Waschbär?

Verblüffende Antworten aus der Tierwelt

ISBN 978-3-86613-072-2

Woher kommen Blitz und Donner?
Verblüffende Antworten über Himmel und Erde

ISBN 978-3-86613-073-9

Warum haben wir zehn Zehen?
Verblüffende Antworten über den Körper

ISBN 978-3-86613-200-9

Wie kommen die Streifen in die Zahnpasta?
Verblüffende Antworten aus dem Alltag

ISBN 978-3-86613-201-6

Hatten Dinos Karies?

Verblüffende Antworten über die Saurier

ISBN 978-3-86613-239-9

Woher weiß der Toast, wann er fertig ist?
Verblüffende Antworten aus dem Alltag

ISBN 978-3-86613-240-5

Wie viele Höcker hat ein Kamel?
Verblüffende Antworten aus der Tierwelt

ISBN 978-3-86613-256-6

Wie spült die Klospülung?

Verblüffende Antworten über Technik

ISBN 978-3-86613-257-3

Können Schmetterlinge hören?
Verblüffende Antworten über kleine Tiere

ISBN 978-3-86613-227-6

Was spuckt ein Vulkan?

Verblüffende Antworten über Naturgewalten

ISBN 978-3-86613-228-3

Wo ist im Weltalll oben und unten?
Verblüffende Antworten über den Kosmos

ISBN 978-3-86613-237-5

Warum knallt die Knallerbse?
Verblüffende Antworten über Pflanzen

ISBN 978-3-86613-238-2

Wie kommt der Ritter in die Rüstung?
Verblüffende Antworten über das Mittelalter

ISBN 978-3-86613-270-2

Wie macht die Kuh die Milch?
Verblüffende Antworten über den Bauernhof

ISBN 978-3-86613-269-6

Können Fische rülpsen?

Verblüffende Antworten über das Meer

ISBN 978-3-86613-282-5

Warum hat ein Bagger Zähne?
Verblüffende Antworten über Baustellen

ISBN 978-3-86613-283-2

Warum stinkt der Käse?

Verblüffende Antworten über Essen und Trinken

ISBN 978-3-86613-293-1

Warum tragen Indianer Federn?
Verblüffende Antworten über Indianer

ISBN 978-3-86613-294-8

Wann darf der Lokführer aufs Klo?
Verblüffende Antworten über die Bahn

ISBN 978-3-86613-524-6

Wo beginnt der Regenbogen?
Verblüffende Antworten über Himmel und Erde

ISBN 978-3-86613-507-9

Wie schnell ist die Feuerwehr?
Verblüffende Antworten über die Feuerwehr

ISBN 978-3-86613-523-9

Frieren Pinguine an den Füßen?
Verblüffende Antworten über Eis und Schnee

ISBN 978-3-86613-525-3

Wie kommt der Fisch in die Stäbchen?
Verblüffende Antworten aus dem Alltag

ISBN 978-3-86613-533-8